BIBLIOTHÈQUE
CHRÉTIENNE ET MORALE

APPROUVÉE

PAR MONSEIGNEUR L'ÉVÈQUE DE LIMOGES;

Tout exemplaire qui ne sera pas
revêtu de notre griffe sera réputé
contrefait et poursuivi conformément
aux lois.

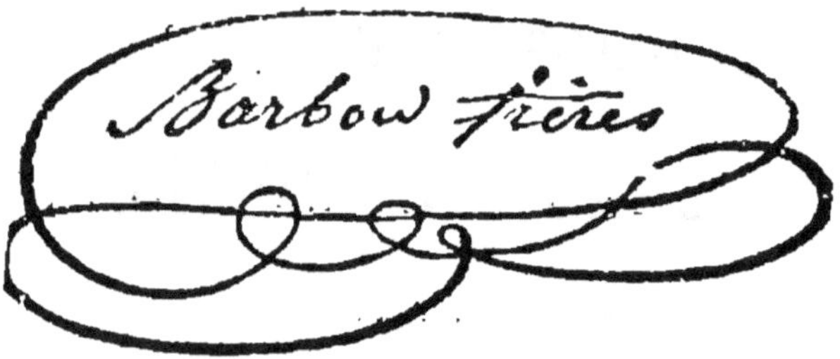

FRANÇOIS.

FRANÇOIS

OU

LE SOLDAT RELIGIEUX.

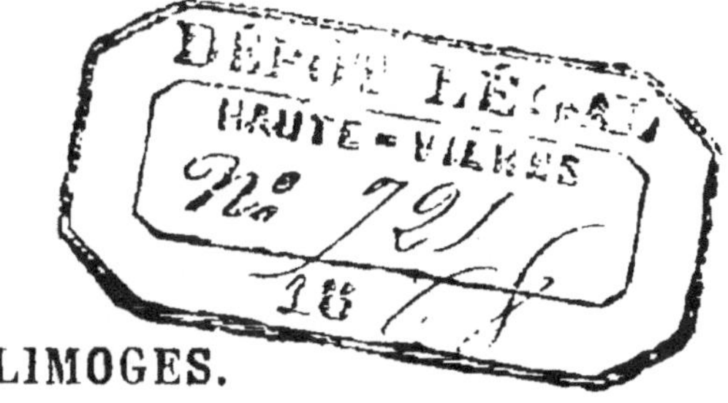

LIMOGES.

BARBOU FRÈRES, IMPRIMEURS - LIBRAIRES.

1

François - Philibert , dit la Feuillade, naquit dans le dix-septième siècle d'une famille d'artisans, au faubourg Saint-Laurent de Nevers. On lui fit apprendre le métier de cordonnier, dont il se dégoûta. Doué d'une élévation d'âme supérieure à sa condition, il voulut prendre le parti des armes, et, engagé dans la compagnie de Melan, régiment de Vexin, il alla joindre le corps, alors en garnison à Casal, en Italie. Dès les premières campagnes, il fut jugé brave; cette réputation bien acquise, sa bonne mine, son air martial et sa taille avantageuse le firent entrer dans la compagnie des grenadiers.

Les trois premières années de son service s'écoulèrent dans le libertinage, malheureusement si commun parmi les gens de guerre. Subjugué d'abord par le respect humain, bientôt profondément corrompu, il se jeta tête baissée dans le vice, sans pourtant jamais se permettre le larcin, l'impiété, le brigandage, qui déshonorent devant les hommes. Plein d'horreur pour la désertion, il la regardait comme une trahison infâme envers le prince et la patrie. « C'est une lâcheté, disait-il, qui mérite les plus grands châtiments. » Sa bravoure et son bon esprit lui donna un grand ascendant sur ses camarades, le régiment lui eut l'obligation d'en avoir empêché plusieurs de déserter, par ses exhortations et par son exemple.

A la campagne de la Hogue, en Normandie, son régiment était campé le long des côtes, et l'absence d'un ennemi qui avait menacé d'une descente qu'il n'effectua pas, lui donnait du repos. Un soir, la Feuillade était sous une tente avec plusieurs amis, qui, sachant lire, lui procuraient le plaisir d'écouter la lecture. Il en était souvent privé, parce que ses parents avaient négligé de lui donner cette connaissance si utile à tous les hommes. Cette fois quelqu'un de la troupe ayant tiré de sa poche la relation imprimée de la conversion d'un soldat, qu'un homme de bien avait eu soin de répandre dans le camp, ils la lurent, et comme si le récit n'eût été que pour lui seul, Philibert y apporta une attention extraordinaire, et l'appliqua intérieurement à ses propres besoins.

A la suite de cette lecture, sorti seul et rêveur, il se promène longtemps dans une campagne voisine, tourmenté par sa conscience, tantôt se frappant la poitrine, tantôt se prosternant contre terre, souvent levant vers le ciel ses yeux mouillés de larmes. Au signal de la retraite il rentre dans sa tente ; ce combat intérieur continue ; de profonds soupirs lui échappent, le sommeil a fui à ses paupières, une douleur profonde l'accable ; ses compagnons endormis le laissent donner un libre cours à ses gémissements, à ses larmes. Au lever de l'aurore, il se rend chez son commandant et lui demande la permission de se rendre à Valognes, pour consulter quelque médecin habile sur un mal qui lui est survenu le jour précédent, et qui lui fait souffrir d'excessives douleurs. L'officier le voyait pâle et défiguré : « Qu'y a-t-il donc, lui dit-il, pauvre la Feuillade? Allez et revenez au plus tôt, mais guéri, car si l'ennemi effectue sa descente, nous avons besoin de vous. »

Parti pour Valognes, sur la route il se disait : «Hélas ! si mon commandant connaissait mon mal, il aurait bien plus pitié de moi! » Alors Dieu lui donna une si parfaite connaissance de ses péchés, que contraint de s'arrêter plusieurs fois, comme s'il eût succombé sous un poids énorme, il pensa mourir de douleur. Excédé de fatigue, il entre à l'Eglise des capucins, où il avait résolu de se confesser. Mais à l'instant l'ennemi de son salut lui livre le plus affreux combat, sa mémoire se perd, l'image de ses péchés disparaît. Une voix secrète lui répète : A quoi bon prendre un autre parti? tu fais comme les autres, crois-tu qu'ils ne soient point d'honnêtes gens? que pré-

tends-tu réformer dans ta conduite ? Tu es soldat, va, jouis du
privilége de ta condition ; laisse
la dévotion aux femmes et aux
petits génies. Il n'est pas possible
de mener une autre vie dans l'état
militaire, et quand tu embrasse-
rais celle que tu t'imagines devoir
embrasser, peux-tu la soutenir
et résister à l'exemple de tant de
gens qui ne sont pas meilleurs que
toi.

Ces pensées le subjuguent, il
rougit, s'indigne d'avoir eu le dé-

sir de se confesser, y revient ensuite, s'arrache encore à ce pro-
jet, tantôt succombant à la ten-
tation, tantôt s'en relevant avec
courage. Il demeure plusieurs
heures à genoux dans cette per-
plexité, sans pouvoir prononcer
le nom de Dieu ; au lieu de ce
nom salutaire, tous les jurements,
toutes les paroles impures qu'il a
prononcées dans ses excès de libertinage reviennent à sa mémoire ; il est presque au moment
de les répéter. Enfin, ne résistant

plus à cet affreux combat, il sort de l'église et s'en retourne au camp.

Il fut trois jours dans cette violente situation, allant à Valogne dans le dessein de se confesser, et revenant au camp sans l'avoir fait; cependant ne prenant ni nourriture, ni repos, et fondant continuellement en larmes, il est retiré d'un si horrible état par cette pensée consolante : « Un aussi grand pécheur que je le suis, et qui mille fois a mérité l'enfer, est digne de bien plus grands rebuts. Après vous avoir tant de fois abandonné, et avoir tant de fois résisté à vos aimables poursuites, ô mon Dieu, il n'est que trop juste que vous me délaissiez, et que vous me livriez maintenant à mes mauvaises habitudes ; mais quelque chose qui puisse arriver, je vous confesserai tous mes péchés, dût-il m'en coûter la vie. » Le quatrième jour, il se rend dès le matin dans la même église, et y trouvant un religieux, lui raconte naïvement l'espèce d'agonie à laquelle le réduit depuis trois jours l'envie de se convertir. L'homme de Dieu l'encourage, et l'anime à faire une confession générale. La Feuillade la commence à l'instant, il la fait exacte et détaillée, et l'interrompt fréquemment par ses soupirs. Le confesseur, attendri, mêle ses pleurs à ceux du pénitent. Ce récit de tant d'égarements fini, le juge consolateur décidé, sans doute, et par les dispositions rares du coupable, et par l'approche apparente d'une bataille, prononça les paroles de réconciliation. Mais que leur effet est prompt et efficace, et que le nouveau pénitent sent vivement le fruit du sang et des mérites de Jésus-Christ qui lui sont appliqués! Le calme succède à la tempête, l'onction de grâce remplit son cœur de joie. Seul, dans le fond d'une chapelle écartée, à genoux, les mains jointes, il est d'abord saisi et comme hors de

lui-même, il passe plusieurs heures dans un profond recueille-
ment, perd même l'usage de ses
sens, et enfin, revenu à lui,
se lève pénétré de ce sentiment
qui resta vivement imprimé dans
son âme, que désormais il devait
être un servitenr zélé de Jésus-
Christ, puisque ce bon maître lui
avait pardonné tous ses péchés.

—

II

Transporté de reconnaissance
du bienfait inestimable qu'il venait d'obtenir, notre soldat converti revient le soir au camp, ab-

solument changé dans un nouvel homme, et si satisfait, que ses camarades, le voyant ainsi plein de joie : « Te voilà bien gai, la Feuillade, lui dirent-ils, quelle bonne fortune t'est-il donc arrivé aujourd'hui? — La meilleure fortune qui puisse arriver à un chrétien, répliqua-t-il, et que je voudrais pouvoir procurer à tous. » Comme ils s'attroupaient autour de lui, le pressant de leur raconter ce qui lui était arrivé d'heureux : « Mes amis, reprit-il, c'est que je viens de faire une confession générale à un saint religieux ; et si vous voulez m'en croire, dès demain matin vous en ferez autant. Je m'offre à vous y mener, et je suis assuré qu'il aura pour vous la même charité qu'il a eue pour moi. » A ces mots, chacun éclate de rire, tous se disent : « La Feuillade converti ! Ah ! si cela est, nous pourrons espérer de nous convertir aussi. »

Cette nouvelle fit éclater une sorte de persécution contre la

Feuillade, ses camarades le voyant prier régulièrement et avec une vive ferveur, assister chaque jour à la messe, s'y tenir dans une attitude édifiante, abandonner pour toujours le jeu et le cabaret, ne plus même fixer les yeux sur une femme, ne proférer que des paroles de paix et de douceur, regardèrent d'abord cette conduite comme la censure secrète de leur libertinage. Ils en sont révoltés contre lui, le traitent de bigot et d'hypocrite, l'insultent, l'outragent, et s'efforcent de l'engager dans quelque querelle. Leurs efforts furent impuissants. Loin de s'aigrir de leurs offenses, il s'en réjouissait intérieurement. «Quoi! disait-il quelquefois, je n'ai pas rougi de suivre l'étendard du libertinage, et je rougirais de prendre le parti de la vertu! Un aussi grand pécheur que moi peut-il jamais assez faire et assez souffrir pour expier ses péchés?»

Sa fermeté inébranlable à ne se relâcher jamais dans la prati-

que de ses pieux exercices, à jeûner, à s'abstenir de ce qui offrait
la moindre apparence du mal, à
ne laisser échapper aucune occasion de faire le bien ; son invinci-
ble patience à souffrir les fades
plaisanteries, les malignes et con-
tinuelles railleries de ses compagnons d'armes, sa généreuse li-
berté à soutenir sa première
démarche, tout déconcerta ces lâ-
ches détracteurs de la vertu. Bientôt on cessa d'invectiver contre
un camarade qu'on rougissait de

né pas imiter. On commença par l'estimer, et six mois étaient à peine écoulés depuis sa conversion, que chacun l'admira, et qu'il devint l'objet d'une vénération universelle.

La campagne de la Hogue terminée, le quartier d'hiver fut assigné à Valognes pour le régiment du Vexin. Philibert affermit l'ouvrage de sa conversion dans la même ville où il l'avait commencé. Il voyait chaque jour son confesseur, et, aidé de ses avis, il s'imposa pour ses égarements une règle de satisfaction dont il ne relâcha rien jusqu'à sa mort. Il vécut en religieux sous l'habit militaire, et commença à jeûner avec austérité les mercredi, vendredi et samedi de chaque semaine, tous les jours de l'avent et de carème; souvent il ne prenait pour nourriture que du pain et de l'eau; plusieurs fois la semaine, il portait un cilice et une ceinture armés de pointes de fer, qui infligeaient à sa chair de sanglantes meurtrissures. Il usait encore d'autres genres de mortification ; et traitant son corps comme un criminel, la sainte haine qu'il lui porta disposa son âme à recevoir les grâces extraordinaires que Dieu lui préparait.

L'oisiveté l'avait plongé dans un abîme de péchés ; il reprit son ancien métier, que l'orgueil lui avait fait quitter. Tout le temps dont il pouvait disposer après ses exercices d'homme de guerre et de chrétien fervent, il le consacrait dans sa chambre à faire ou à raccommoder des souliers ; l'objet unique de son travail était de fournir aux besoins des pauvres, et il n'envisageait plus sa profession que comme un ministère de pénitence et de charité. D'une taille dégagée, adroit plus qu'aucun de ses compagnons dans le maniement des armes, d'un esprit vif et poli, parlant bien sans avoir fait aucune étude, naturellement fier, il avait caché jusqu'alors, sous des manières no-

bles, la bassesse de sa naissance;
mais depuis il voulut toujours
paraître ce qu'il était, artisan de
sa profession, et il disait à tout le
monde qu'il était un pauvre cordonnier et un misérable pêcheur.
Il avait une passion extraordinaire pour la lecture, qui avait
été l'occasion de son retour à Dieu;
il comprit que rien ne servirait à
entretenir les bons sentiments
dont Dieu l'avait pénétré, que de
pouvoir lire chaque jour quelque
chose d'édifiant. « Je veux, disait-

il, apprendre à servir Dieu. » Il choisit un maître d'école dans son quartier d'hiver, et allait chez lui plusieurs fois le jour; il étudia les premiers éléments de l'alphabet avec une simplicité et une docilité d'enfant. En peu de mois il sut lire tous les livres que ses confesseurs lui prêtaient, dans les divers lieux qu'il habita ; il sut choisir avec un merveilleux discernement les guides de sa conscience, parmi les prêtres les plus orthodoxes; il ne tardait pas à leur développer son âme tout entière, et ceux-ci, pour hâter sa perfection, lui confiaient les ouvrages les plus propres à lui donner de saintes lumières et à nourrir sa piété. Le livre des saints Evangiles, l'Imitation de Jésus-Christ, et les œuvres de sainte Thérèze étaient ses lectures journalières, et il y revenait toujours avec un nouvel intérêt.

III

Philibert faisait ses prières avec la plus fervente piété. Elles étaient suivies, le matin et le soir, d'une demie-heure de lecture, il assistait au camp à toutes les messes qui s'y disaient, lorsque son devoir ne s'y opposait pas ; car quelque attrait qu'eussent pour lui ces exercices, il quittait tout dès qu'il s'agissait de son service, persuadé que le bien n'est bien qu'autant qu'il est à sa place, et que servir son prince et sa patrie en vue de Dieu, c'est servir le divin maître de la manière qui lui est la plus agréable. Ses jours saintement remplis, ses passions domptées, les consolations et les grâces toujours nouvelles que le Seigneur répandait dans son âme, le faisaient jouir des délices d'une sainte paix. Tout à coup, une horrible tempête livre son esprit à d'affreuses ténèbres ; à peine entrevoit-il Dieu et se reconnaît-il lui-même ; l'oraison devient son supplice ; il se croit réprouvé, et cet état, qui dura pendant plusieurs jours, le plongea dans le désespoir ; un des premiers officiers du régiment, avec lequel il était en commerce de piété, s'aperçut du trouble intérieur de son élève. « Qu'avez-vous, lui dit-il, la Feuillade? suivez-moi dans ma chambre. » Le soldat lui ayant découvert l'état désolant de son âme, il le conduisit à son confesseur, homme expérimenté dans les voies intérieures, et ce sage directeur jugean!, sur le rapport du pénitent, que c'était une épreuve que Dieu lui ménageait pour l'élever ensuite à un plus sublime degré d'oraison, lui dit : « Vous » avez lu les œuvres de sainte

» Thérèse; n'y avez-vous pas
» remarqué un état approchant
» de celui que vous m'exposez ?
» Imitez sa fidélité, et espérez
» qu'après ce mauvais temps Dieu
» rendra enfin le calme à votre
» âme. »

Ces mots décidèrent la Feuillade à tout immoler pour plaire à
Dieu ; les tentations redoublèrent,
mais son courage redoubla de même. Un jour que, seul dans sa chambre, il était poursuivi de pensées
impures, une femme entre tout

à coup d'un air effronté, en faisant entendre des paroles si licencieuses, que la Feuillade, qu'affligeait déjà la révolte de ses passions, n'ose envisager cette impudente; mais tirant de son sac la meilleure de ses chemises : « Tenez, lui dit-il, baissant toujours les yeux, vendez-la, et achetez-vous du pain. » La femme disparut à l'instant, et le fervent athlète demeura pour toujours victorieux des pensées impures.

Quelques jours après cette vic-

toire, il était à l'église des Récolets de Vélo en Flandre, où,
ayant reçu la sainte Eucharistie,
il demeura longtemps immobile
au pied de la table sainte, comblé
des plus douces et des plus conso-
lantes idées de la majesté et de la
bonté de Dieu, sans pouvoir énon-
cer suffisamment la nature de ses
idées et tout ce qui l'avait ravi.
Néanmoins il en fit à son confesseur le récit le plus fidèle qu'il lui
fût possible, craignant toujours
les cruels artifices du prétendu

ange de lumières. « Mon fils, lui
» demanda le directeur, vous
» êtes-vous senti, en sortant de
» cette oraison, plus fervent,
» plus recueilli, plus disposé à
» vous humilier et à servir Dieu?
» — Ah! mon Père, répondit le
» soldat, toutes les choses de la
» terre, depuis ce moment, me
» paraissent insipides. J'oublie
» tout ce qui est au monde,
» excepté ce qui concerne mes
» devoirs; je vous avouerai ingé-
» nument que je me suis senti si

» enflammé de l'amour de mon
» Dieu, que j'ai donné tout le peu
» d'argent que j'avais au premier
» pauvre qui s'est présenté, sans
» penser à ce qu'il me fallait pour
» mes propres besoins, prêt à don-
» ner ma vie pour Jésus-Christ,
» si l'occasion s'en présentait.
» — Eh bien ! mon fils, répliqua
» le Père, apprenez à juger de la
» bonté d'une oraison par les ef-
» fets qu'elle produit dans une
» âme. Celle-ci vous paraît ex-
» traordinaire, parce qu'elle n'est

» pas selon les règles. Ne savez-
» vous pas que l'oraison est un
» don de Dieu, et que Dieu agit
» avec ses amis comme il lui
» plait? A la bonne heure que
» nous nous entretenions quel-
» quefois avec lui, pour lui expo-
» ser nos besoins, comme des
» pauvres qui vivent de ses misé-
» ricordes. Mais quand il veut
» bien parler lui seul à notre
» âme, il faut l'écouter en silen-
» ce, et recevoir avec une hum-
» ble reconnaissance le don ex-

» traordinaire d'oraison. — Je
» vous écoute, mon Père, comme
» Dieu même, reprit la Feuilla-
» de ; mais j'ai lu, et souvent ouï
» dire qu'il fallait se défier de ces
» contemplations où l'âme de-
» meure dans l'oisiveté. — On a
« raison de rejeter certaines con-
» templations purement passi-
» ves, qui entraînent les âmes à
» une oisiveté dangereuse. Ces
» âmes se présentent à Dieu sans
» préparation, s'imaginant qu'il

» fera tout en elles, et, s'en re-
» tournant de l'oraison plus rem-
» plies d'elles-mêmes qu'elles n'y
» étaient venues, elles poussent
» l'égarement quelquefois jus-
» qu'à négliger et mépriser l'u-
» sage des sacrements et des au-
» tres bonnes œuvres, sous pré-
» texte qu'à la faveur du pur
» amour elles ont atteint le su-
» prême degré de la perfection.
» Voilà précisément ce qui est
» condamnable; mais la con-
» templation qu'ont eue éminem-

» ment sainte Thérèse et tant

» d'autres saints, les a disposés

» aux actions héroïques et à

» l'exercice de toutes les vertus ;

» trop heureux ceux à qui le Sei-

» gneur veut bien communiquer

» un don aussi précieux. Ne ces-

» sez pas de le prier qu'il vous

» traite toujours aussi favorable-

» ment, et que ses faveurs vous

» engagent à mener la vie d'un

» ange sur la terre, puisqu'il

» vous fait déjà goûter un peu du

» repos dont les élus jouissent

» dans le ciel. Allez et commu-

» niez tous les jours, autant que

» vous le pourrez. »

IV

Faisant au vice une guerre im-
placable, la Feuillade semblait
être un apôtre sous l'habit de soldat. Il l'était en effet, de l'armée ;

il donnait des marques d'amitié aux plus libertins, afin de gagner leur confiance et de leur inspirer des sentiments de repentir. « Mets
» fin à tes débauches, mon cher
» ami, disait-il à l'un d'entre
» eux, je veux te faire goûter des
» plaisirs plus solides que ceux
» que tu poursuis : viens, com —
» mence ; il ne t'en coûtera que
» le chemin d'ici à l'église voi-
» sine ; viens avec moi. » Lorsqu'enfin il les avait gagnés, il
usait d'innocents artifices pour

assurer sa conquète. Un des plus efficaces était de se servir d'eux pour en engager d'autres dans le bien, ou du moins de les solliciter à mieux vivre. Après cette démarche, les nouveaux convertis auraient eu honte de retourner à leurs désordres, et de ne pas suivre un parti qu'ils avaient conseillé. Quelquefois il jouait avec les joueurs de profession, saisissant toutes les occasions de faire connaître les dangers du jeu, écartant encore avec le plus grand soin ce qui pouvait devenir une source de divisions. Souvent il entrait dans les cabarets, et se mêlait aux buveurs, pour contenir, par sa présence et par son exemple tous ceux qui s'y trouvaient, dans les bornes de la bienséance, et empêcher qu'on ne bût avec excès. Son humeur enjouée répandait la joie parmi ses camarades, et y entretenait la paix et l'union. Il n'était terrible que pour ceux qui étaient querelleurs et libertins; et il leur disait avec

fermeté qu'on ne venait pas au cabaret pour se battre, ou pour scandaliser, par des paroles dissolues, ceux qui s'y trouvaient. Si quelqu'un demandait du vin au-delà de ce qui lui était nécessaire : « C'en est assez, camarade,
» lui disait-il; nous ne buvons
» pas pour boire; nous ne cher-
» chons qu'un divertissement
» honnête, et le plaisir de nous
» trouver ensemble. » Comme il jeûnait régulièrement une partie de la semaine depuis sa conver-

sion, il avait droit sans doute de prêcher la sobriété. Mais s'il détestait l'ivrognerie, il savait en inspirer l'horreur : « Se gorger de
» vin, disait-il, au point de per-
» dre la raison, c'est se dégrader;
» se ravaler à la condition de la
» brute ; les bêtes elles-mêmes ne
» vont pas au-delà de leur soif. »

Quelque part que fussent les quartiers d'hiver, il y faisait des fruits abondants, on courait aux églises où l'on savait qu'il priait et qu'il communiait; sa ferveur et sa modestie avaient un charme si puissant, que son seul aspect eût pu déterminer la conversion des pécheurs. Aussitôt qu'on l'entendait parler de Dieu, on se sentait embrasé du feu dont il animait ses discours. Les princi-paux citoyens d'une ville où le régiment avait passé trois jours assurèrent que le fervent soldat y avait fait plus de bien par ses exemples et par ses discours, que n'en auraient pu opérer plusieurs ouvriers évangéliques qui y eussent donné des missions pendant le même espace de temps.

Mort à lui-même, il ne vivait plus que pour Jésus-Christ et pour ses frères; rempli de Dieu, pénétré des sentiments de son amour, il ne pouvait penser qu'à lui. Il ne trouvait de bonheur qu'à s'entretenir avec lui; le commerce des créatures devient insipide à une âme qui ne respire qu'après le ciel, et qui est sur le point d'y parvenir. Ce fut sur le champ de bataille de Cassano, en Italie,

que Dieu le couronna. On était
persuadé qu'il avait eu des pres-
sentiments de sa mort. Le jour
de l'Assomption de la très-sainte
Vierge, en 1705, l'armée mar-
chait rapidement vers Cassano,
les chaleurs étaient extraordinaires, et les soldats, épuisés par la
fatigue et poursuivis par la soif,
se livraient au murmure. « Patience, camarade, leur dit-il, tel
qui souffre aujourd'hui n'aura
plus à souffrir demain; c'est pour
moi que je dis ceci. »

On arriva le soir à Cassano, et le lendemain matin, pour la fête de saint Roch, il communia à la communauté des R. P. Capucins, avec un redoublement de ferveur. De retour au camp, il prit les armes, et l'on marcha devant des ennemis qui venaient attaquer l'armée française. La bataille commença un peu loin de la brigade du régiment de Vinx. Pendant ce temps le serviteur de Dieu priait sous les armes, et lisait dans un livre dont on trouva le feuillet replié, une prière pour tous ceux qui mouraient dans le combat. Le régiment de Perche étant obligé d'abandonner son terrain par le feu meurtrier que faisaient les ennemis, celui de Vexin courut à son secours; à ce moment le généreux la Feuillade, s'avançant avec son ardeur ordinaire au premier rang, qui lui était assigné, reçut un coup de fusil dont il fut renversé; un de ses camarades voulant s'arrêter pour le secourir : « Non, mon cher ami, lui dit-il d'une voix expirante, allez à votre devoir, priez Dieu pour moi, et dites à mes camarades que je leur demande pardon, et qu'ils se souviennent, dans leurs prières, d'un pauvre pécheur.

L'action dura longtemps, les Français ayant poursuivi l'ennemi jusqu'à ce qu'il se fut retiré. La bataille terminée, l'officier qui avait eu la confiance intime de la Feuillade, retourna, accompagné de quatre soldats, vers l'endroit où il avait été laissé. Ce brave

homme venait d'y expirer entre
les bras d'un prêtre que la Providence avait conduit vers ces lieux,
et le ministre du Seigneur était
extrèmement édifié des sentiments dans lesquels il l'avait vu
mourir. On trouva sur lui les
instruments de mortifications
dont il usait souvent, et quelques
livres de piété dont l'officier s'em-
para comme si c'eût été autant de
précieuses reliques. Lorsqu'on
inhuma la Feuillade, on aperçut
sur son visage un éclat de beauté

qui n'était pas dans l'ordre ordinaire de la nature.

Le supérieur des Récolets de l'armée, retenu au lit par une espèce de paralysie, n'eut pas plus tôt appris la mort de la Feuillade, qu'il l'invoqua, et à l'instant il fut guéri. Le lendemain matin, il vint dire la messe dans la tente d'un lieutenant-général, qui lui dit, en l'apercevant : Quoi donc ! mon Père, je vous croyais bien malade. — Je l'étais, en effet, répondit le religieux ; mais j'ai invoqué un saint soldat qui a été tué dans la journée d'hier, et j'ai aussitôt recouvré une parfaite santé. — Sans doute, répliqua l'officier, que c'est le brave la Feuillade; je l'ai connu, c'était vraiment un saint.

Tel fut le témoignage de l'armée entière. Tous le pleurèrent, plusieurs l'invoquèrent, persuadés qu'une vie si sainte lui avait infailliblement ouvert les portes du ciel.

Qu'elle est consolante et précieuse, cette vérité qui découle si naturellement de l'histoire d'une semblable vie! c'est que si le pieux la Feuillade a pu nous offrir un modèle de la plus tendre ferveur, au milieu du tumulte des armes, et exposé à tous les hasards de la guerre; s'il a connu l'art d'unir la bravoure la moins équivoque à l'observance fidèle des conseils évangéliques, on peut donc se sauver dans tout état autorisé par la Providence. Il n'est donc point de situation, quelque délicate, quelque périlleuse même qu'on la suppose, qui soit incompatible avec notre salut, lorsque la main de Dieu nous y a placés. Apprenez-le, homme de guerre, vous qui exercez une si noble profession, et que la reconnaissance publique proclame les sauveurs de la patrie! Ah! vous pouvez porter un titre plus relevé et plus désirable, celui de héros de la religion. Tous les soldats, je le veux, ne sont pas appelés à ce degré de perfection où parvint la

Feuillade, mais tous doivent vivre et mourir en chrétiens ; et, pour obtenir ce bonheur, braves militaires, qu'est-ce qu'un Dieu miséricordieux demande de vous? Ecoutez la sagesse éternelle. L'illustre précurseur du Sauveur des hommes, voulant disposer les peuples à le recevoir, les presse de faire de dignes fruits de pénitence. Divers rangs de la société se présentent, et désirent savoir et entendre ce que l'on exige d'eux. Les soldats aussi lui demandent :

Et nous, que devons-nous faire? il leur dit : « Gardez-vous de faire des vexations et des outrages à personne, et contentez-vous de votre solde. »

PRATIQUE.

1. Dans une profession périlleuse, mais légitime, où Dieu, sérieusement et mûrement consulté, m'aura placé dès ma jeunesse, je ne croirai mon salut ni impossible, ni d'une difficulté in-

surmontable. 2. Cependant,
ne me dissimulerai point qu
marche dans un sentier glissa
que des écueils m'entourent et
menacent. 3. Je n'en serai
plus attentif à considérer où
dois mettre le pied.